PIANO • CANTO • GUITARRA   PIANO • VOCAL • GUITAR

¡PURA SALSA!

LA SERIE ¡PURA!

ISBN 0-634-05444-9

HAL•LEONARD®
CORPORATION
7777 W. BLUEMOUND RD. P.O. BOX 13819 MILWAUKEE, WI 53213

Visit Hal Leonard Online at
www.halleonard.com

¡PURA SALSA!

A PURO DOLOR

Words and Music by
OMAR ALFANNO

CELOS

Words and Music by ALEJANDRO JAÉN
and MARC ANTHONY

-da por la de e - se hom - bre, _____ y a - mar - te has - ta que se te ol-

To Coda

vi - de, su nom - bre. _____

Va con - tra mis ___ prin - ci-

CONCIENCIA

Words and Music by
OMAR ALFANNO

E- lla tie- ne la ma-

-gia de un in- stan- te de a- mor,

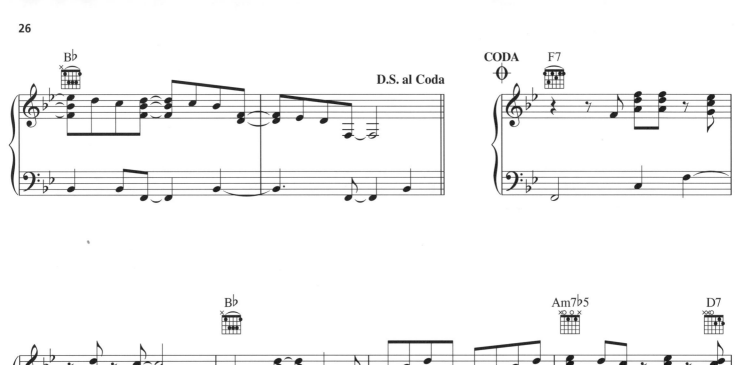

D.S. al Coda

CODA

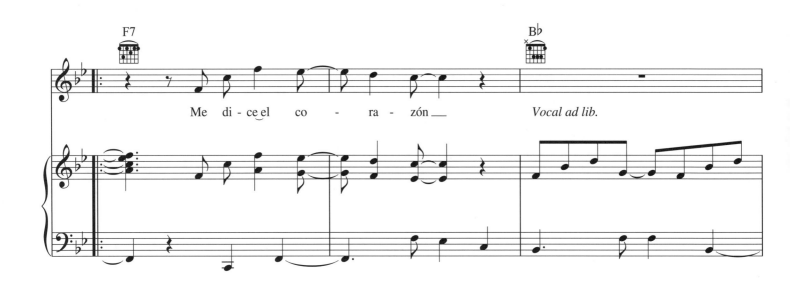

Me di-ce el co - ra - zón____   *Vocal ad lib.*

pe - ro me gri - ta la ___ con - cien - cia. *Vocal ad lib.*

CUANDO FALTAS TÚ

Words and Music by
MARIO DÍAZ

cuan - do tu a - le - grí - a ___ se mar - cha a - mor.

Me ___ que - da tra - gar la ca - sa cuan - do fal -

- tas tú, ___ se ___ va - cí - a ___

___ mi co - ra - zón. ___

No ___
A ___

por - que na - die me con - sue - la, ca - ri - ñi - to, ni sub - sti - tu -
y me da ce - lo la an - gus - tia, ca - ri - ñi - to, que me ful - mi -

- ye el ca - lor.
- na el te - mor.

Me que - da gran - de la pe - na cuan - do fal - tas tú

oh. ___

Vocal ad lib.

Play 4 times

Se que-da va-cí-o el co - ra - zón,

cuan - do fal - tas tú. *Vocal ad lib.*

Se

CUENTA CONMIGO

Words and Music by
OMAR ALFANNO

Yo soy el mis - mo en na - da he cam - bia - do no vi - vo en las nu - bes co -
Só - lo re - cuer - da que no ca - be el o - dio en - tre ___ dos a - mi - gos que un

mo te han con - ta - do te ex - tra - ño hoy, ___ quie - ro o -
día fue - ron no - vios re - cuér - da - lo, ___ no me ol -

ir tu voz. ___
vi - des, no. ___

Siem - pre, ___ que te fal - te a - mor mí - o un a - man -

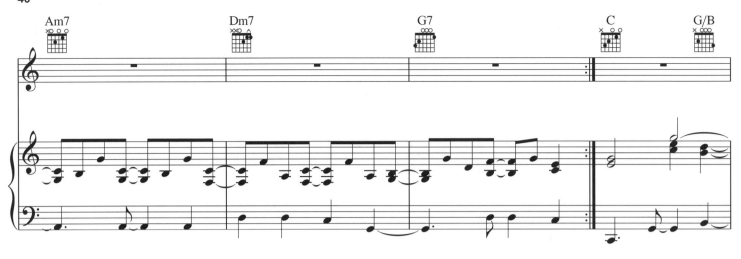

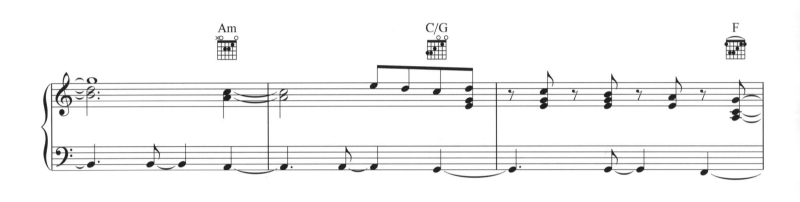

DÉJATE QUERER

Words and Music by
DONATO PÓVEDA LÓPEZ

Hay a - mo - res __ fu - gi - ti - vos __
Tu e - res __ la fru - ta pro - hi - bi - da __
Yo quie - ro ar - der __ en la ho - gue - ra __
Por e - se sue - ño __ cau - ti - vo __

__ a - mo - res de - ses - pe - ra - dos si es - te a - mor es __
__ del co - ra - zón __ su la - ti - do yo __ quie - ro te -
__ de es - te a - mor des - me - su - ra - do al __ rit - mo de __
__ que tie - nes en __ la mi - ra - da pue - do sa - ber

__ mi cas - ti - go quie - ro mo - rir __ a tu la - do.
- ner con - ti - go al - go que ver __ en la vi - da.
__ tus ca - de - ras bai - lan - do bien __ a - pre - ta - dos.
__ que me quie - res aun - que no me di - gas __ na - da.

Coro: E -

ESA MUJER

Words and Music by
OMAR ALFANNO

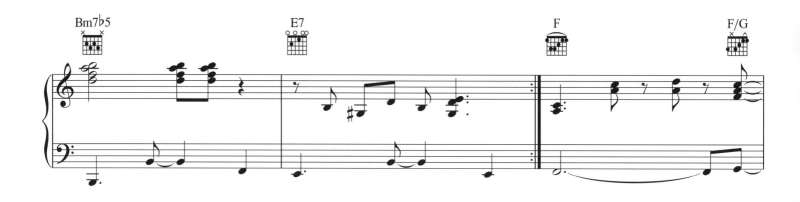

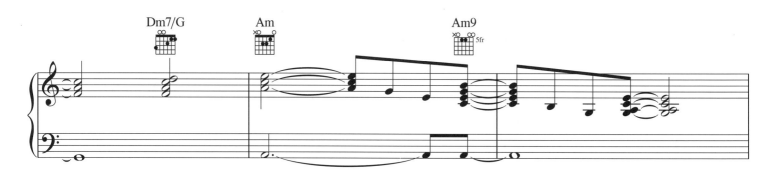

E - sa mu - jer ___ vol - vió a ___

___ le - van - tar - me del sue - lo,

don - de tú me de - jas -

D.S. al Coda

- te.   *Vocal ad lib.*

NO ME AMES

Words and Music by GIANCARLO BIGAZZI,
ALEANDRO CIVAI BALDI and MARCO FALAGIANI

Masculino: ¿Di - me por qué llo - ras?

Feminina: De fe - li - ci - dad.

Masculino: ¿Y por qué te a - ho - gas? ___

Feminina: Por la so - le - dad.

* *Melody written at pitch.*

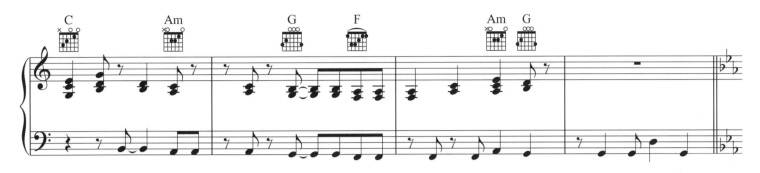

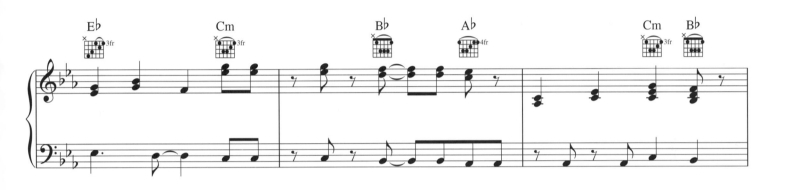

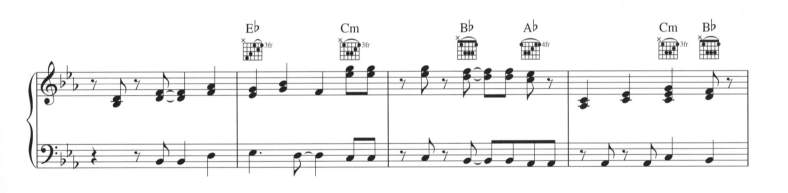

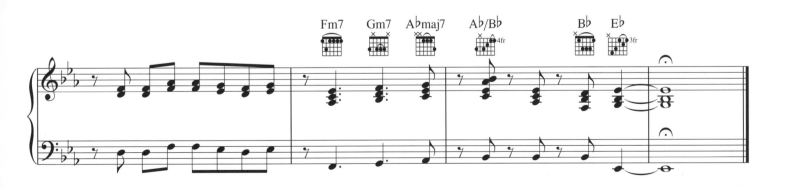

ESE

Words and Music by ALEJANDRO JAÉN
and WILLIAM PAZ

C7 | **Bb** | **F**

Y aun - que te___ mien - te siem - pre tie - ne tu a - mor. Se - rá por e - so que te con -
Se - rá por e - so que te i - lu - sio - nó. Se - rá por e - so que te con -

G7 | **C7** | **Bb**

- quis - tó.___ Se - rá al - go bue - no por___ fin con - ti - go
- quis - tó.___ A ve - ces te en - lo - que - ce___ has - ta el___ de -

F | **G7** | **C7**

se que - do.
li - ri - o.

Bb | **F** | **C/E**

E - se que te en - ro - lla y que___ te en - vuel - ve

HAY QUE PONER EL ALMA

Words and Music by
OMAR ALFANNO

MICAELA

Words and Music by MANNY RODRÍGUEZ
and TONY PABÓN

NO MORIRÁ
(No Matter What)

Words and Music by ANNE GODWIN
and LARRY LANGE

El a - mor_ que me das, _____ to - có mi co - ra - zón. _____
El a - mor_ que me das, _____ lle - nó mi co - ra - zón. _____

Con - ti - go pu - de ver, _____ un mun - do
Cal - mán - do - me la sed _____ que sen -

PENA DE AMOR

Words and Music by
JUNIOR CABRERA

Te es - toy co - no-cien-do a-ho - ra.

Te es - toy co - no-cien-do tan - to,

POR ESE HOMBRE

Words and Music by JOAQUÍN GALÁN
and LUCÍA GALÁN

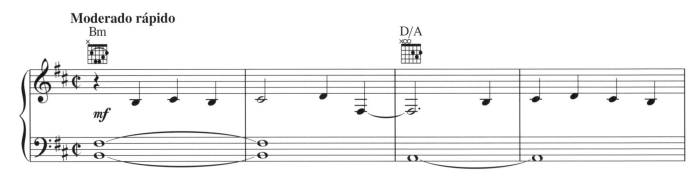

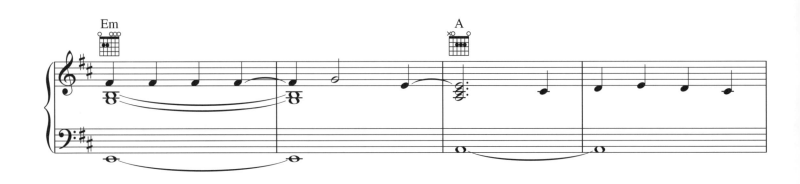

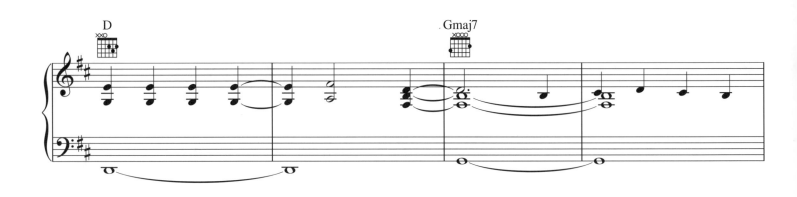

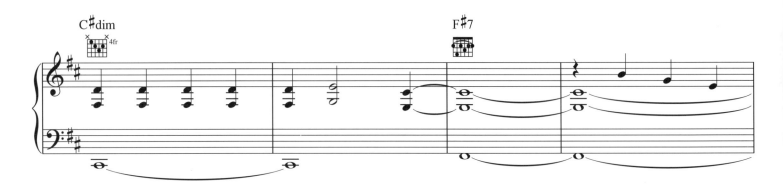

SE ME ROMPE EL ALMA

Words and Music by
GIL FRANCISCO PÉREZ

No me ha-bles más de e - lla pues tu sa-bes bien, _____ que mi vi-

-da, ya no es la mis - ma, des-de que no ten-go su a-mor. _____

co - mo e - lla ___ me a - mó. ___

Es que se me rom-pe, se me rom-pe el al - ma.

Es que se me rom-pe, se me rom-pe el al - ma.

POR MÁS QUE INTENTO

Words and Music by
KIKE SANTANDER

110

Quie-ro de-sa-tar-me, ol-vi-dar - te y só-lo con-si-go a-mar - te.

Vocal ad lib.

Quie - ro de - sa - tar - me, ol - vi - dar - te.

Vocal ad lib.

QUÉ HAY DE MALO

Words and Music by
OMAR ALFANNO

G

G#dim7

Am

nar de tu ma - no o mo rir___ pa - ra tí,___ re - fu - giar-te en un mun - do de a - mor___

C/G

G

___ in - ven - ta - do por___ mí? Se - rá a -

F

C/E

Dm7(add4)

C/E

ca - so que el___ ja - más___ se en - a - mo - ró. Que a mis

F

C/E

Dm7(add4)

a - ños nun - ca tu - vo un___ a - mor.___

QUÉ LOCURA ENAMORARME DE TÍ

Words and Music by
ALEJANDRO VEZZANI

Qué lo-cu-ra fue e-na-mo-rar-me __ de tí.

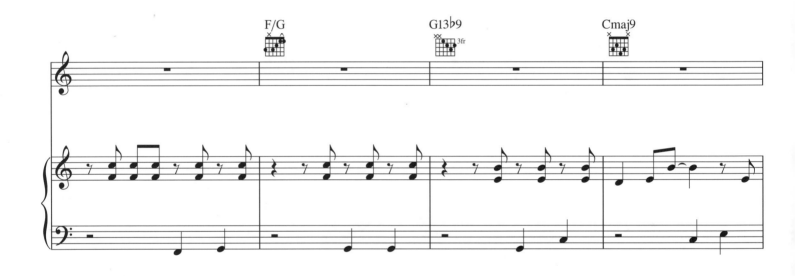

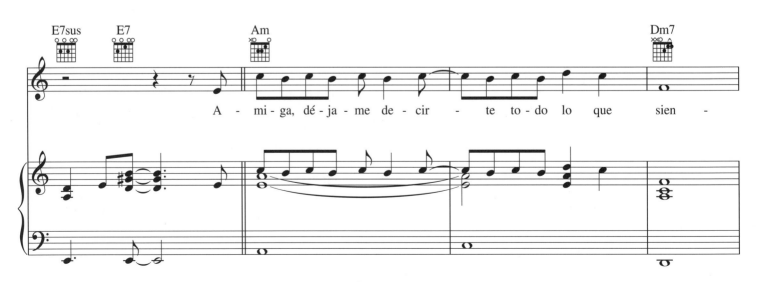

A-mi-ga, dé-ja-me de-cir-te to-do lo que sien-

SE PARECÍA TANTO A TÍ

Words and Music by
RICARDO VIZUETE

SI LA VES

Words and Music by
OMAR ALFANNO

TE CONOZCO BIEN

Words and Music by
OMAR ALFANNO

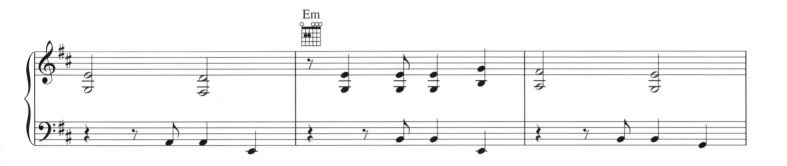

Te _____ co - noz - co bien

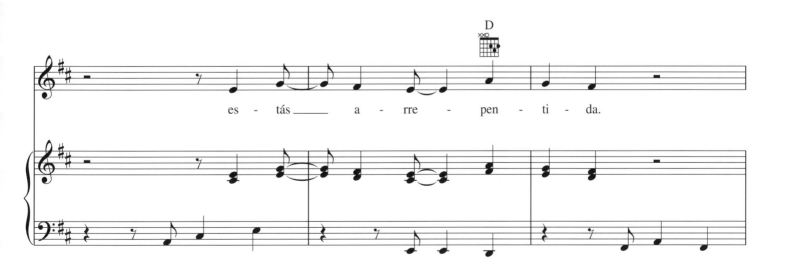

es - tás _____ a - rre - pen - ti - da.

TU RECUERDO

Words and Music by
VLADIMIR DOTEL LÓPEZ

Tu re-cuer-do vi - ve en mí,_____ muy a - den - tro
hue - le a - mor,_____ me con - su - me en

muy a - quí,_____ y mi al - ma llo - ra,
el do - lor,_____ y mi al - ma llo - ra,

Tu re - cuer - do

mor.

VIVIENDO

Words and Music by MARC ANTHONY,
FERNANDO OSORIO and JORGE VILLAMIZAR

Moderado rápido

Tal vez tú te - nías__ ra - zón.__

Só-lo ha-bí - a

que vi - vir. *Vocal ad lib.*

Repeat ad lib.

YA NO SOY EL NIÑO AQUEL

Words and Music by
ANGEL "CUCO" PEÑA

UNA AVENTURA

Words and Music by
JAIRO VARELA